Das große Preußen-Buch für Kinder

Mal- und Rätselspaß rund um den Alten Fritz & Co

von Claas Janssen

unter Mitarbeit von
Robert Zagolla

BeBra Verlag

So groß war das Königreich Preußen 1866. Vergleiche es mit Deutschland heute:

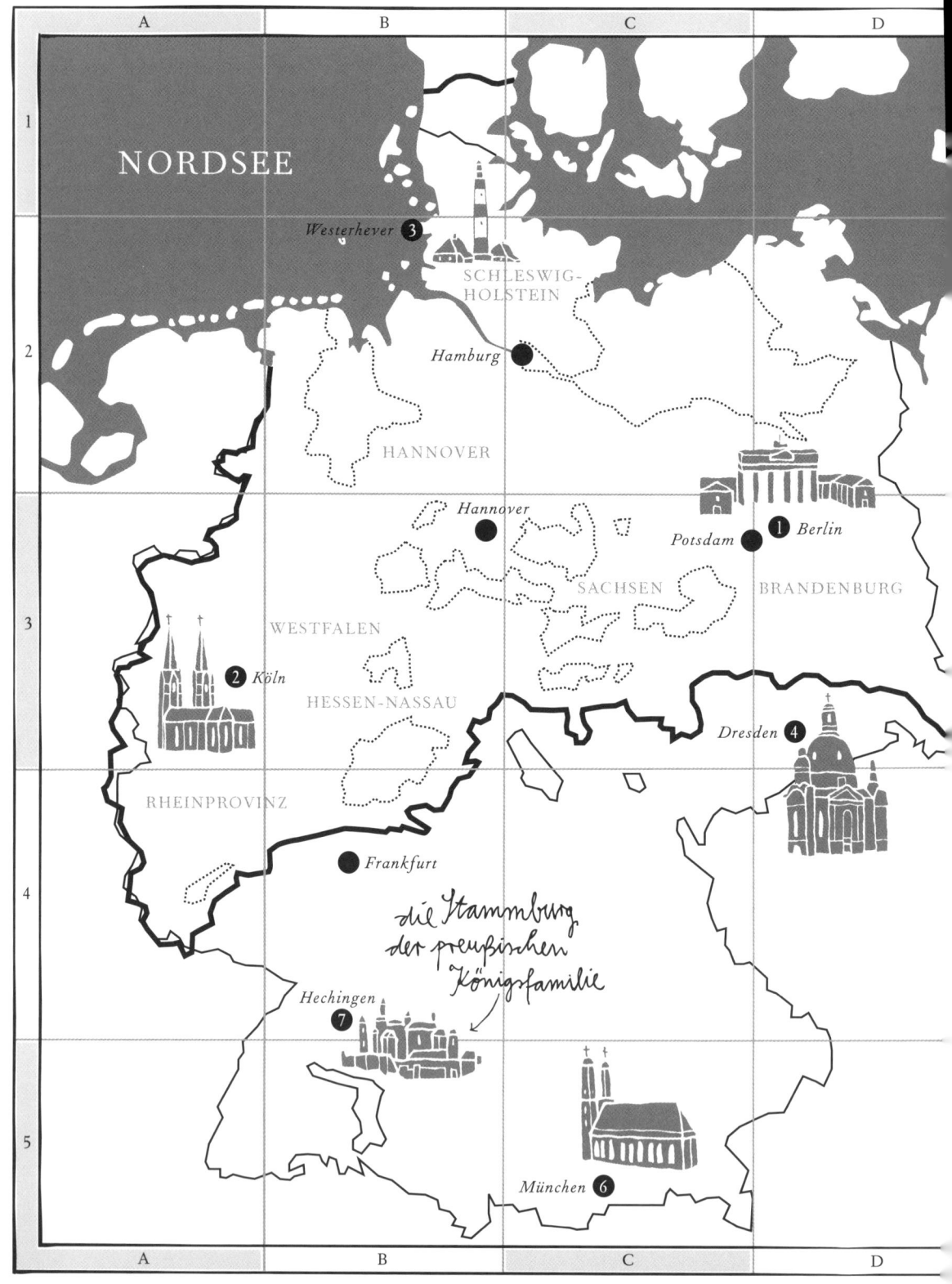

NORDSEE

Westerhever **3**

SCHLESWIG-HOLSTEIN

Hamburg

HANNOVER

Hannover

Potsdam **1** Berlin

SACHSEN

BRANDENBURG

WESTFALEN

2 Köln

HESSEN-NASSAU

Dresden **4**

RHEINPROVINZ

Frankfurt

die Stammburg der preußischen Königsfamilie

Hechingen
7

München **6**

Was ist größer? Und wie weit ist dein Wohnort entfernt vom nördlichsten Ort in Preußen?

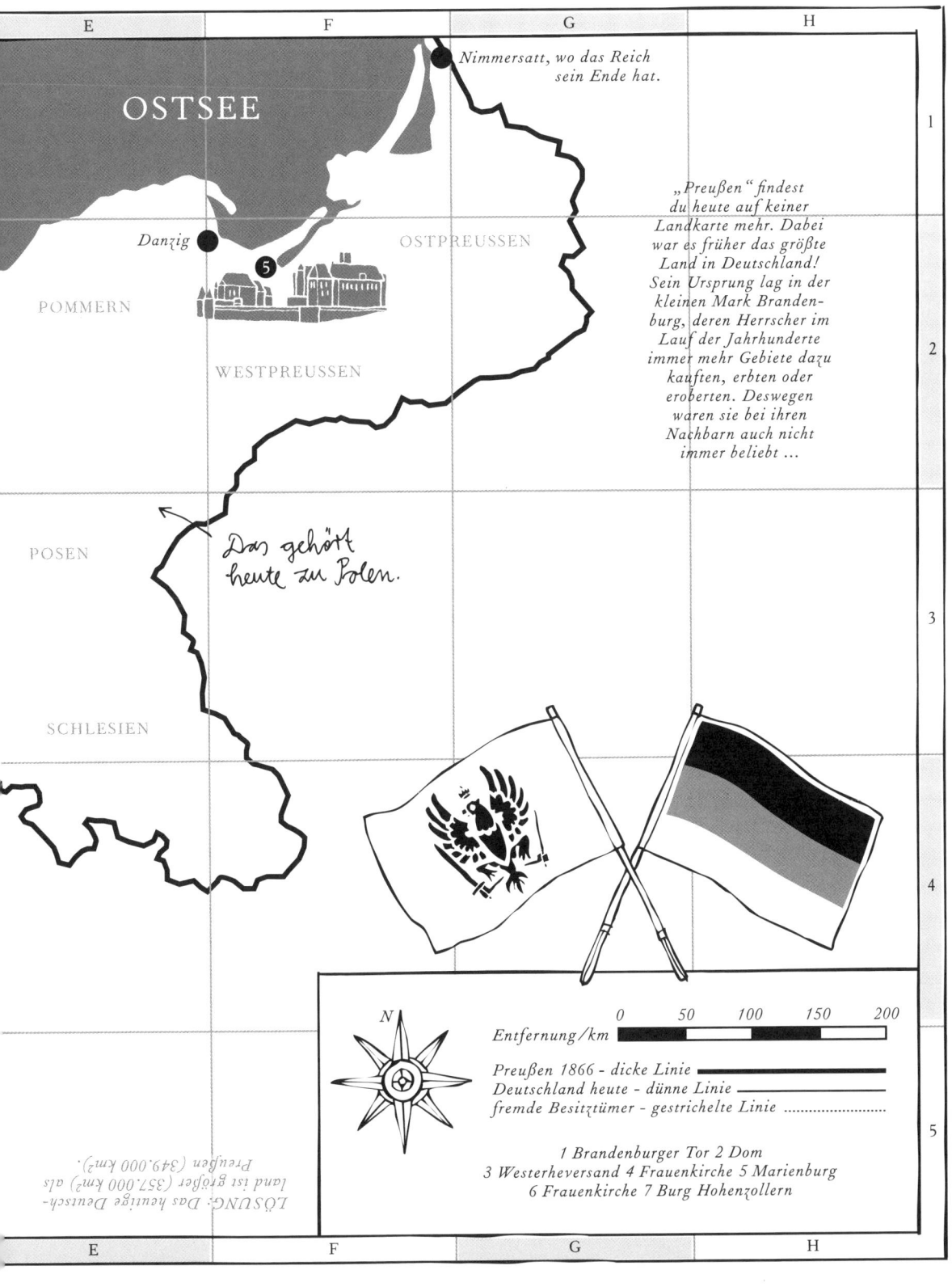

OSTSEE

Nimmersatt, wo das Reich sein Ende hat.

Danzig

OSTPREUSSEN

POMMERN

WESTPREUSSEN

„Preußen" findest du heute auf keiner Landkarte mehr. Dabei war es früher das größte Land in Deutschland! Sein Ursprung lag in der kleinen Mark Brandenburg, deren Herrscher im Lauf der Jahrhunderte immer mehr Gebiete dazu kauften, erbten oder eroberten. Deswegen waren sie bei ihren Nachbarn auch nicht immer beliebt …

POSEN

Das gehört heute zu Polen.

SCHLESIEN

N

Entfernung/km

0 50 100 150 200

Preußen 1866 - dicke Linie
Deutschland heute - dünne Linie
fremde Besitztümer - gestrichelte Linie

1 Brandenburger Tor 2 Dom
3 Westerheversand 4 Frauenkirche 5 Marienburg
6 Frauenkirche 7 Burg Hohenzollern

LÖSUNG: Das heutige Deutsch-land ist größer (357.000 km²) als Preußen (349.000 km²).

Du als Alter Fritz? Oder als Königin Luise? Wie sieht denn das wohl aus? Tja, wie?

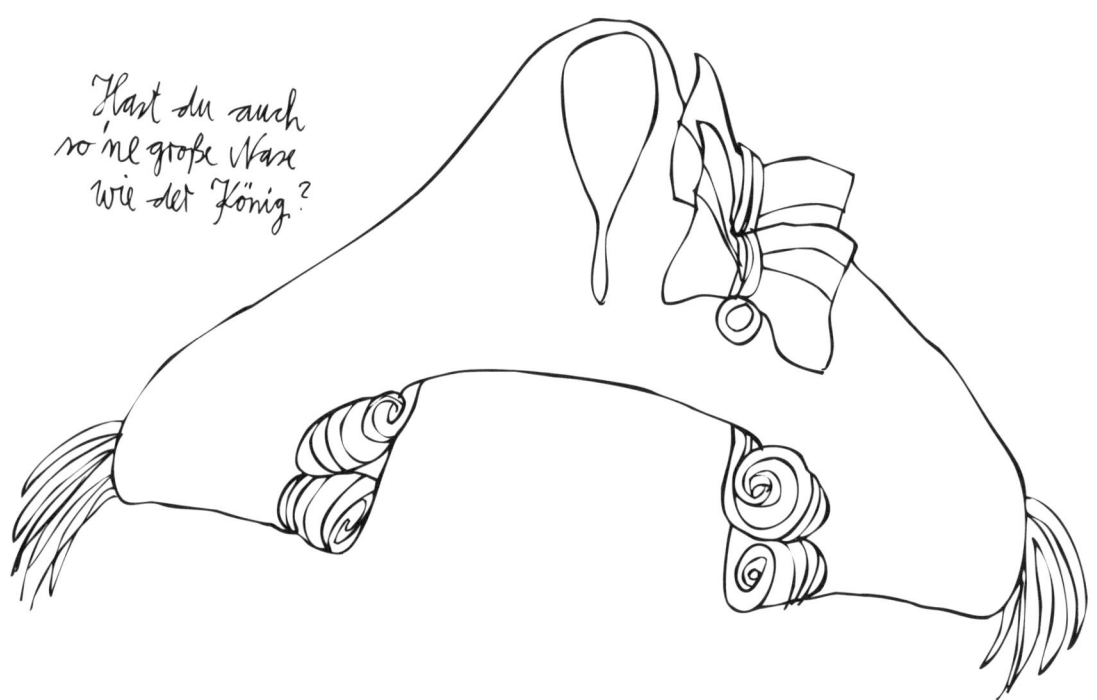

Hast du auch so 'ne große Nase wie det König?

*Der „Alte Fritz" hieß
eigentlich Friedrich II. und wird heute
meistens Friedrich der Große genannt.
Er lebte von 1712 bis 1786.
Weil er der bekannteste
König von Preußen ist,
wird er dir in diesem Buch
noch öfter begegnen.*

Zeichne dein Gesicht zwischen Haar und Hals und wir können es sehen.

Hast du auch so ein nettes Jäckchen wie die Königin?

Königin Luise ist die berühmteste Königin Preußens. Sie lebte von 1776 bis 1810. Weil sie gütig, klug und mutig war, wurde sie von vielen Menschen sehr verehrt und bewundert – viel mehr sogar als ihr Ehemann, König Friedrich Wilhelm III.

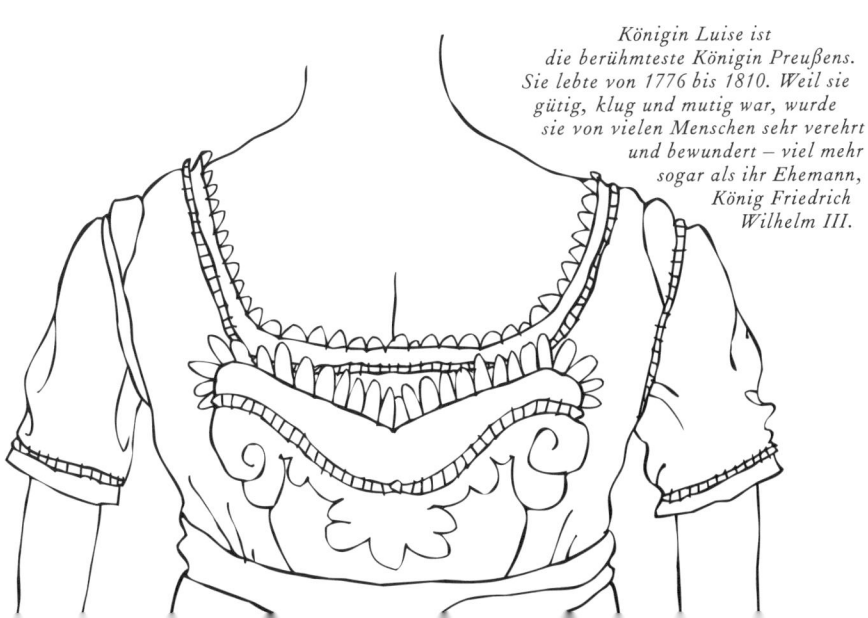

Schlossgespenster gibt´s nicht nur in englischen Schlössern.

„Sans Souci" ist Französisch und bedeutet „ohne Sorge". Kein Wunder, dass es das Lieblingsschloss von Friedrich dem Großen war! Er hat es extra für sich bauen lassen und verbrachte hier fast jeden Sommer – fernab vom Trubel der Hauptstadt, umgeben von seinen geliebten Hunden und mit netten Gästen, die er sich einlud.

Auch hier in Sanssouci kannst du eines finden. Nur keine Angst!

Der Vater von Friedrich dem Großen bekam im Alter von zehn Jahren

So könnte sein Kinderzimmer ausgesehen haben.

das Schloss Königs Wusterhausen zu Weihnachten. Nettes Geschenk, oder?

Und wie würdest du dein Schlosskinderzimmer einrichten?

Ob sein Kinderzimmer hier war?

Friedrichs Vater hieß Friedrich Wilhelm I. und lebte von 1688 bis 1740. Königs Wusterhausen blieb immer sein Lieblings-Schloss. Wenn du dir sein Kinderzimmer genau anschaust, dann kannst du erraten, welche Leidenschaft er als Erwachsener hatte. Auf den nächsten Seiten erfährst du mehr.

Ob Friedrich Wilhelm I. als Kind im Schloss Oranienburg auch mal was umschmiss?

Bestimmt. Deswegen zeichne auf jede freie Stelle schnell was hin, damit´s keiner merkt!

Bevor er sein eigenes Schloss bekam, verbrachte der kleine Friedrich Wilhelm sicher viel Zeit in Schloss Oranienburg, das um 1650 für seine Großmutter Luise Henriette gebaut worden war. Berühmt war die Porzellan-Kammer des Schlosses, die man auch heute noch besichtigen kann.

Die Langen Kerls waren die Potsdamer Leibgarde von Friedrich Wilhelm I.

Hier hast du zwei von ihnen, die können ja auch dich bewachen ...

Friedrich Wilhelm I. wird oft „Soldatenkönig" genannt, obwohl er nie einen Krieg geführt hat. Aber Soldaten hatte er wirklich viele! Berühmt war seine Leibgarde – die „Langen Kerls". Die hießen so, weil sie alle größer als 1,90 Meter waren. Das war damals noch viel seltener als heute...

Na, Jungs?

Anmalen, ausschneiden und Standfläche an der gestrichelten Linie nach hinten umknicken.

Auf der Rückseite geht's weiter, noch bist du nicht fertig!

Und so steht deine Leibgarde wie ´ne Eins:

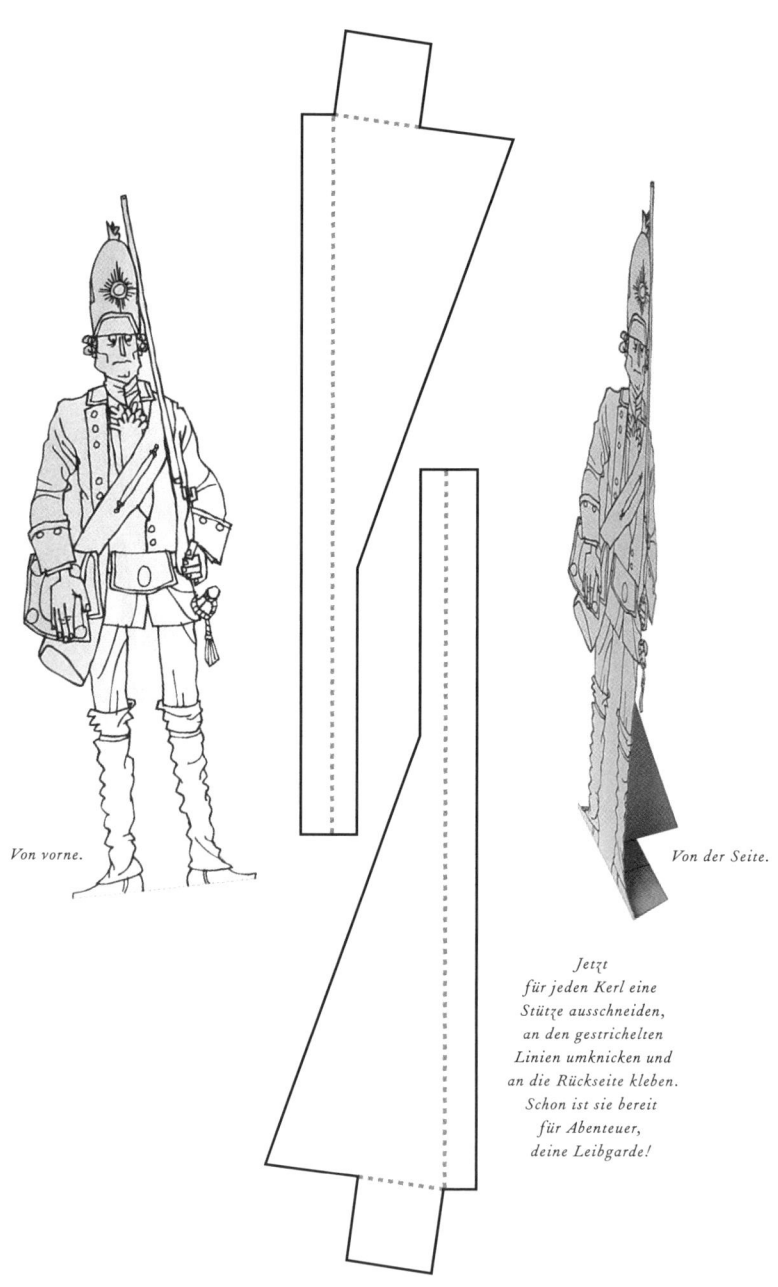

Von vorne.

Von der Seite.

*Jetzt
für jeden Kerl eine
Stütze ausschneiden,
an den gestrichelten
Linien umknicken und
an die Rückseite kleben.
Schon ist sie bereit
für Abenteuer,
deine Leibgarde!*

In diesem Buchstabensalat verstecken sich die Namen von 10 preußischen Schlössern.

Kannst du sie alle finden?

B	K	P	G	C	O	G	T	B	D	E	Y	T	A
A	S	E	B	A	X	L	U	H	K	M	A	E	T
B	I	N	Q	P	A	I	V	R	J	P	N	L	S
E	X	K	D	U	G	E	N	B	T	A	F	I	E
L	L	U	E	T	I	N	S	A	C	R	O	W	B
S	D	A	R	H	E	I	N	S	B	E	R	G	I
B	T	N	J	L	I	C	Z	R	I	T	D	A	O
E	F	I	N	Z	S	K	R	M	O	Z	E	Y	K
R	O	R	A	N	I	E	N	B	U	R	G	M	A
G	C	E	C	I	L	I	E	N	H	O	F	E	N
A	M	B	U	R	N	K	V	J	Q	A	X	T	P
W	Y	O	Z	S	A	N	S	S	O	U	C	I	W
C	H	A	R	L	O	T	T	E	N	B	U	R	G

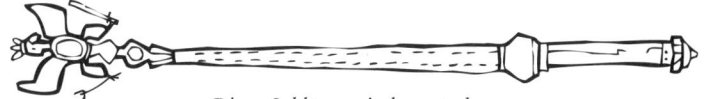

Diese Schlösser sind versteckt:
PARETZ · RHEINSBERG
BABELSBERG · CHARLOTTENBURG · SANSSOUCI
CAPUTH · CECILIENHOF · GLIENICKE
SACROW · ORANIENBURG

Die Fregatte „Markgraf von Brandenburg" sticht in See zu der preußischen Festung

Obwohl Brandenburg-Preußen anfangs gar nicht am Meer lag, hatte es schon früh eine eigene Flotte. Um 1650 stachen die ersten Kriegsschiffe in See, 1683 eroberten sie sogar ein Stück Land in Afrika, im heutigen Ghana. Man nannte die Hafenstadt dort „Groß Friedrichsburg". Aber wegen Geldmangel mussten Stadt und Flotte schon 1717 wieder verkauft werden.

Ist dein Kompass kaputt?

Groß Friedrichsburg. Doch nur eine Route ist ungefährlich. Finde den richtigen Kurs!

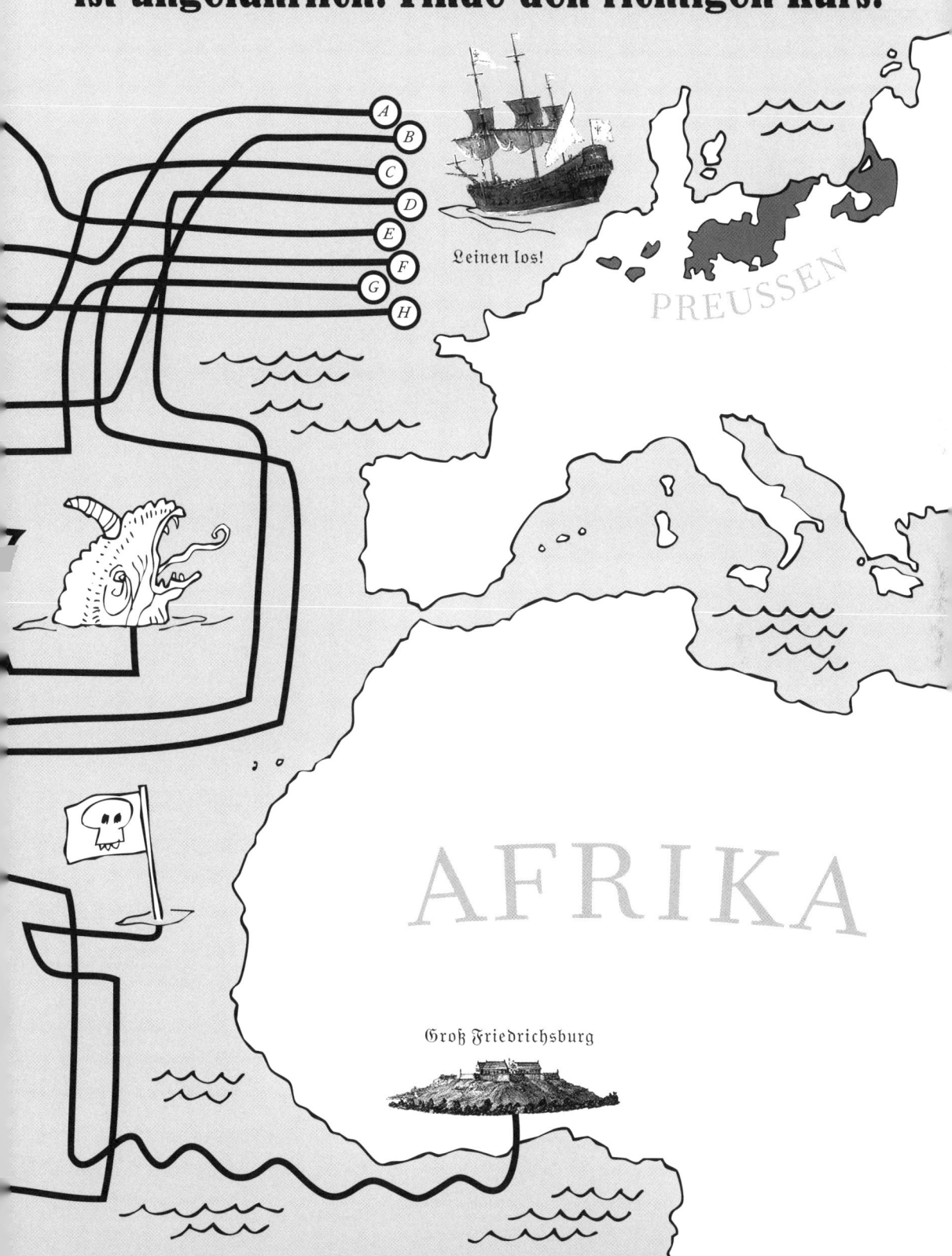

Leinen los!

PREUSSEN

AFRIKA

Groß Friedrichsburg

Damit so ´ne alte Kanone „Rrrumms" macht, müssen alle Kanoniere ´ne Menge über die

1 Das ist
☐ a. die Regimentsfahne
☐ b. eine Wetterfahne
☐ c. ein Sonnenschutz

2 Das ist
☐ a. eine Mückenfalle
☐ b. ein Lichtmast
☐ c. ein Luntenstock

3 Diese Kanone ist etwa
☐ a. 350 Jahre alt
☐ b. 250 Jahre alt
☐ c. 150 Jahre alt

4 Das ist
☐ a. die Kimme
☐ b. der Ein/Aus-Schalter
☐ c. das Zündloch

5 Das ist
☐ a. die Fette
☐ b. die Lafette
☐ c. die Nette

Technik wissen. Zeig´ mal, was du weisst und mach´ dein Kreuz an der richtigen Stelle.

So sah um das Jahr 1700 eine Kanone aus. Man brauchte zehn Männer um mit ihr zu schießen und sechs Pferde um sie fortzubewegen. Allein das Rohr war fast 1.000 Kilogramm schwer, das ganze Geschütz wog mehr als doppelt so viel. Und eine einzige Kanonenkugel wog sechs Pfund!

7 *Diese Kanone ist ein*
□ *a. Selbstlader*
□ *b. Vorderlader*
□ *c. Entlader*

6 *Das Kanonenrohr wiegt*
□ *a. 520 kg*
□ *b. 740 kg*
□ *c. 960 kg*

9 *Das ist*
□ *a. die Kugel*
□ *b. etwas Abfall*
□ *c. eine Praline*

8 *Das ist*
a. die Mündung □
b. der Einwurfschlitz □
c. der Ausgang □

10 *Das ist*
□ *a. der Zahnstocher*
□ *b. der Ladestock*
□ *c. ein Pfeil*

11 *Das ist*
□ *a. ein Pulvereimer*
□ *b. ein Bierkrug*
□ *c. ein Mülleimer*

Als Königin hat man´s auch nicht leicht: Jeden Tag schick aussehen!

Das ist Königin Sophie Charlotte, die Großmutter des Alten Fritz. Sie lebte von 1668 bis 1705. Nach ihr ist das Schloss Charlottenburg in Berlin benannt, das extra für sie gebaut wurde. Sophie Charlotte war sehr klug und gebildet. Aber auch Musik und Tanz waren ihr wichtig.

Was zieht Sophie Charlotte heute auf dem Ball an?

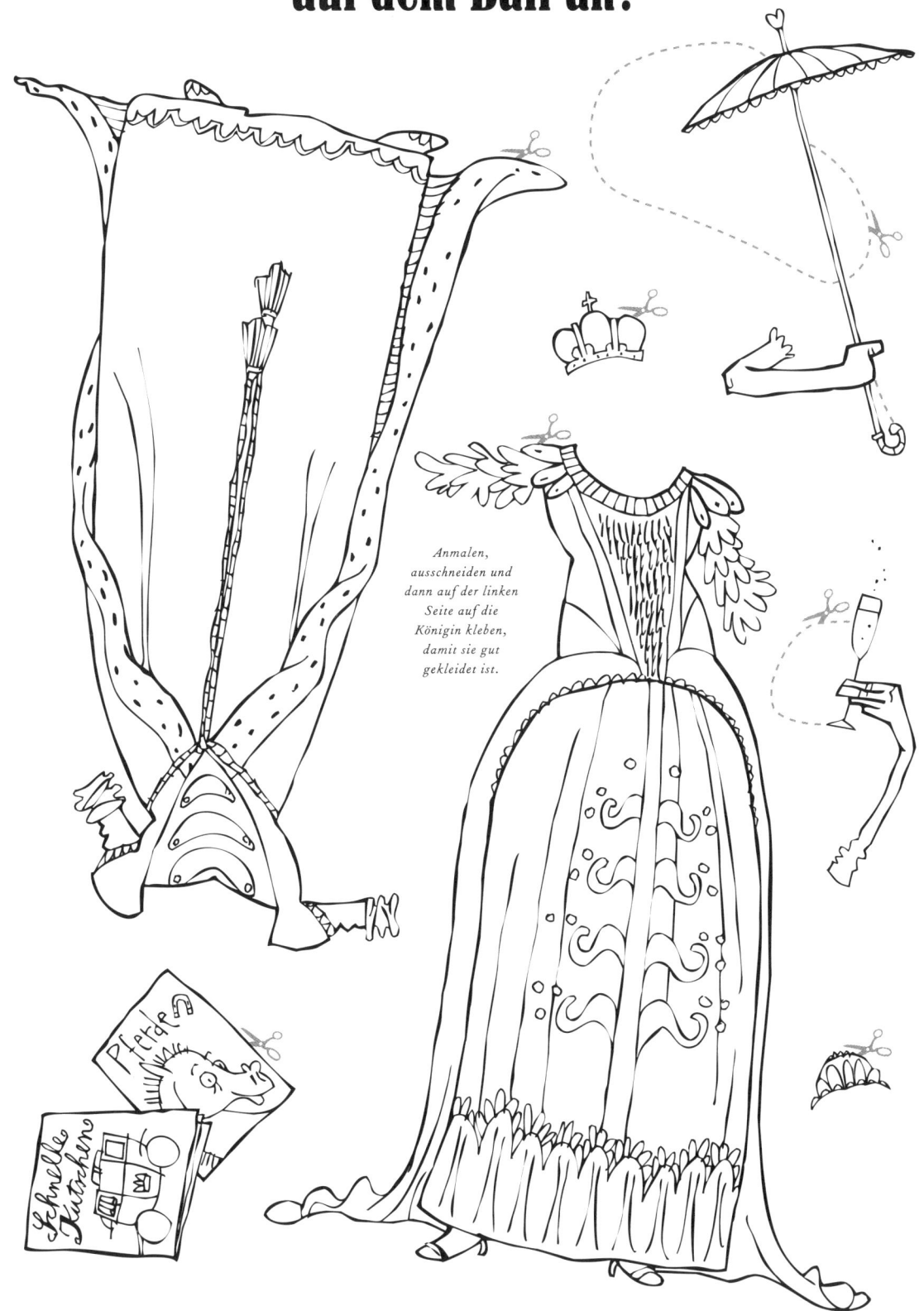

Anmalen, ausschneiden und dann auf der linken Seite auf die Königin kleben, damit sie gut gekleidet ist.

Zur Zeit Sophie Charlottes war die Mode ganz anders als heute. Frauen und Männer schminkten sich und trugen zum Teil riesige Perücken auf dem Kopf. Auch Schönheitspflästerchen — oft in Form von Fliegen, Käfern oder Blumen — waren beliebt. Die Frauen trugen unter ihren Kleidern extra Mieder, die mit Schnüren so eng um den Oberkörper gezogen wurden, dass man darin kaum noch Luft bekam.

Das große Preußen-Kreuzworträtsel

1. Spitzname von König Friedrich Wilhelm I. 2. Diese Sprache wurde am Königshof (auch) gesprochen
3. Dieses Musikinstrument spielte Friedrich der Große gern 4. Anderes Wort für Königstochter
5. Diese unscheinbare Knolle brachte der Alte Fritz nach Preußen 6. Berühmtes Schloss in Potsdam
7. Die Lieblingshunderasse von Friedrich dem Großen 8. Beruf von Friedrich dem Großen
9. Damit fuhr man, bevor es Autos gab 10. Lieblingsschloss von Königin Luise
11. Auf diesem Tier ritten Könige und Soldaten 12. Großes Geschütz 13. Hauptstadt von Preußen
14. Ein besonderer Stuhl für Könige und Königinnen 15. Wappentier von Preußen
16. Berühmte preußische Königin 17. Leckeres Obst aus Ribbeck im Havelland
18. Teure Kopfbedeckung für Könige und Königinnen 19. Grünanlage vor Schlössern

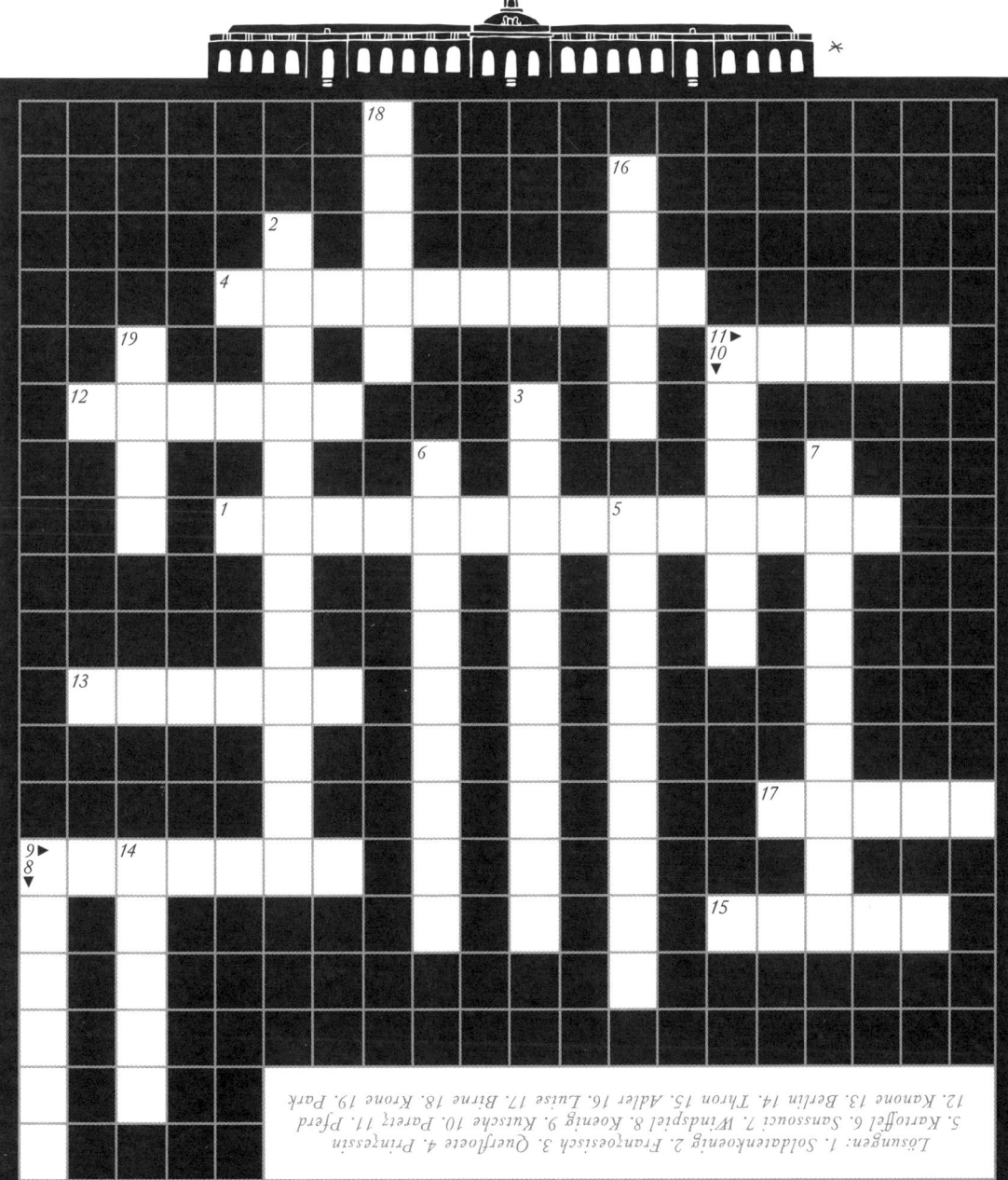

Lösungen: 1. Soldatenkoenig 2. Franzoesisch 3. Querfloete 4. Prinzessin
5. Kartoffel 6. Sanssouci 7. Windspiel 8. Koenig 9. Kutsche 10. Paretz 11. Pferd
12. Kanone 13. Berlin 14. Thron 15. Adler 16. Luise 17. Birne 18. Krone 19. Park

✳ Na, hast du´s erkannt? Das Schloss „Ohne Sorge"?

Was ist das häufigste Geräusch im Hof von Schloss Charlottenburg? - „Klick".

Das größte Schloss der Preußenkönige, das man heute noch besichtigen kann, ist Schloss Charlottenburg. Zu Sophie Charlottes Zeiten stand allerdings nur der Mittelbau. Die niedrigeren Gebäudeteile links und rechts wurden erst später dazu gebaut. Auch die große Kuppel in der Mitte gab es am Anfang noch nicht. Manche sagen, dass sie ein bisschen zu groß geworden ist. Was meinst du?

Klick
klick
Klick
Klick
Klick
KLICK
Klick
KLICK
klick

Das kommt von den vielen Touristen, die Fotos machen. Zähle mal die Kameras.

Das hier soll eine Ahnengalerie von Königen und Königinnen werden.

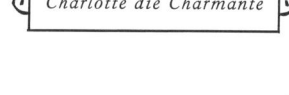

Charlotte die Charmante

Wilhelm der Kahle

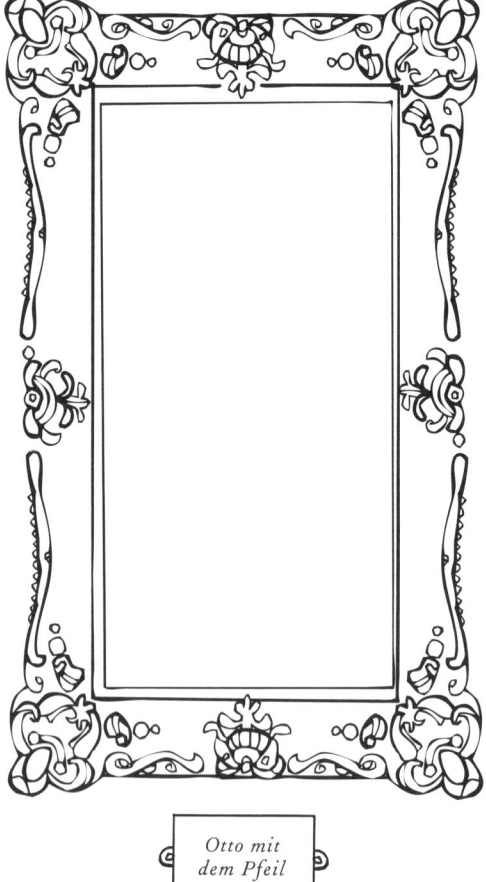

Otto mit dem Pfeil

Elisabeth die Ernste

Die lustigen Namen haben wir uns schon ausgedacht, aber die Bilder fehlen noch.

Weil früher viele Könige den gleichen Vornamen trugen wie ihr Vater, Großvater oder Urgroßvater, wurde später meist noch eine Nummer hinzugefügt, damit man sie unterscheiden konnte. Manche bekamen stattdessen auch einen Beinamen – so wie Friedrich „der Große", der ja eigentlich Friedrich II. („der Zweite") war. Rate mal, welche von den Beinamen auf dieser Seite es wirklich gab!

Luise die Lispelnde

Wenzel der Faule

Friedrich Eisenzahn

Auf Schloss Ribbeck im Havelland dreht sich alles um die leckeren und berühmten

1. Kannst du mal zählen, wie viele von den Birnen an diesem Baum hängen?

Das Gedicht auf der Seite gegenüber kennst du vielleicht. Es handelt von einem preußischen Gutsbesitzer, der die Kinder seiner Untertanen immer mit leckeren Birnen beschenkte. Damit die auch nach seinem Tod noch etwas zu naschen hatten, ließ er sich eine Birne mit ins Grab legen. Daraus wuchs dann später ein riesiger Birnbaum. Vorausschauend, oder?

Die im Korb musst du nicht mehr zählen.

Birnen. Und deswegen haben wir uns auch gleich zwei Aufgaben ausgedacht.

2. Kannst du das Gedicht „Herr von Ribbeck auf Ribbeck im Havelland" ergänzen?

Das Gedicht ist von Theodor Fontane und hier ist die erste Strophe.

Herr von Ribbeck auf Ribbeck im Havelland,

Ein Birnbaum in seinem Garten .... ,

Und kam die goldene Herbsterzeit

Und die Birnen leuchteten weit und .... ,

Da stopfte, wenn's Mittag vom Turme scholl,

Der von Ribbeck sich beide Taschen .... ,

Und kam in Pantinen ein Junge daher,

So rief er: „Junge, wiste 'ne ....?"

Und kam ein Mädel, so rief er: „Lütt Dirn,

Kumm man röver, ick hebb 'ne ...."

Das ist das Schloss.

Als vor fast 300 Jahren die Schulpflicht in Preußen eingeführt wurde, waren sicher

nicht alle Kinder erfreut. Zeichne sie auf
die Bänke und was sie damals für Unfug im Unterricht machten (oder waren alle artig wie du heute?).

Kaum zu glauben: Ganz früher sind viele Kinder nie zur Schule gegangen! Aber so toll war das eigentlich nicht, denn dafür mussten sie von klein auf schon arbeiten und Geld verdienen. Erst im Jahr 1717 führte der König von Preußen die Schulpflicht für alle Kinder zwischen 5 und 12 Jahren ein.

Was kann hier noch drauf stehen?

Diese Schrift konnte früher in Preußen jeder lesen. Heute kann das kaum noch

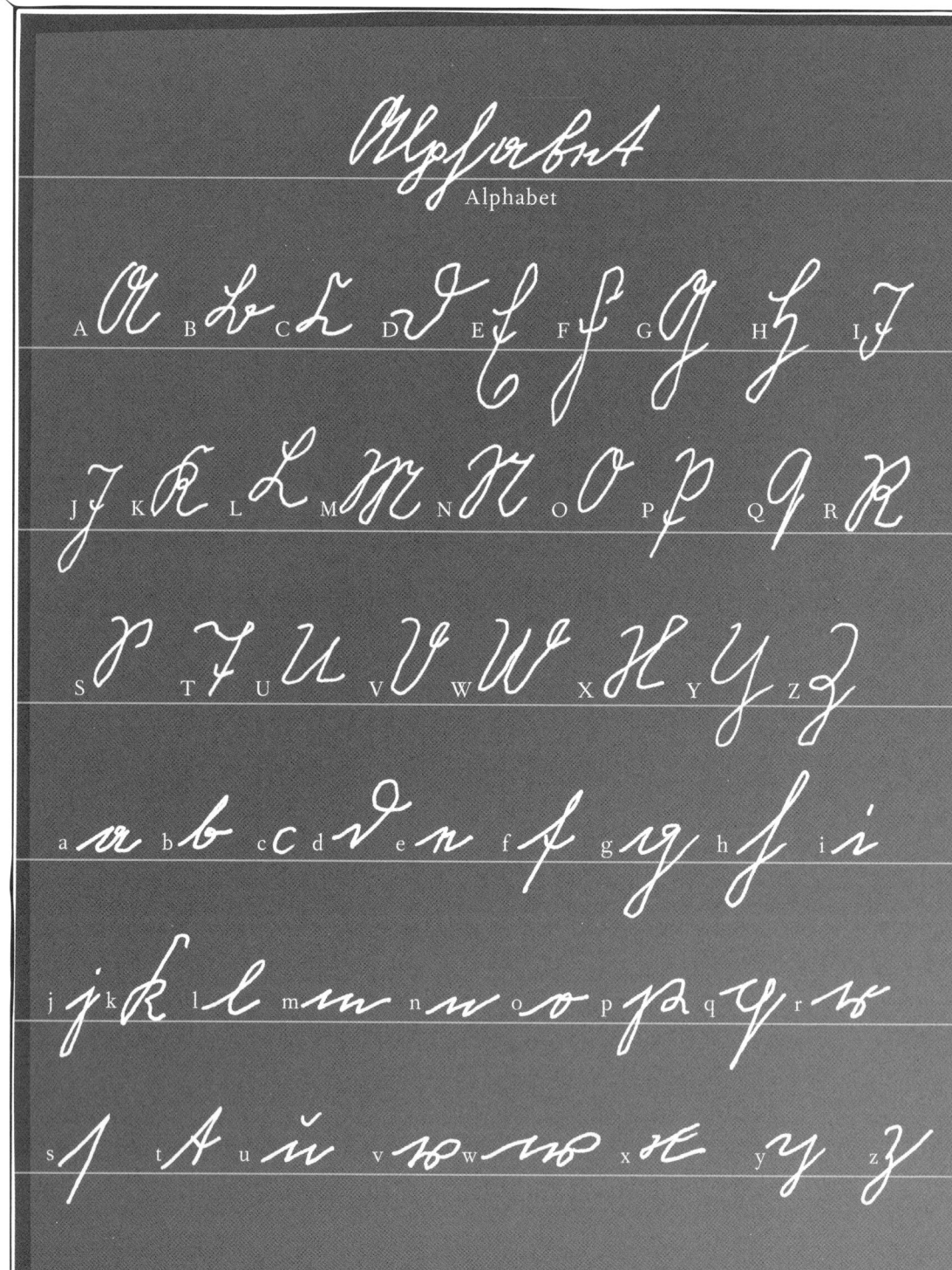

Alphabet

jemand - deswegen kannst du sie jetzt als Geheimschrift verwenden.

Schreibe mal ein Schatzversteck auf. Oder deinen Namen. Oder? Dir fällt was ein.

Der Schatz ist bestimmt unterm Baum versteckt.
Schreibe mal nach: „Unterm Baum". Zum Üben.

Bis vor etwa 70 Jahren lernten die Schulkinder in Preußen (und in ganz Deutschland) eine völlig andere Schreibschrift als die Kinder in den anderen Ländern der Welt. Sie hieß „Kurrentschrift" (später oft auch „Sütterlin-Schrift" genannt) und ist heute für die meisten Leute fast nicht mehr zu entziffern. Das macht sie natürlich zur perfekten Geheimschrift.

Schon prima. Und jetzt mal deinen Namen.

Nicht schlecht! Und jetzt ein eigener Satz, bitte:

Du weißt, was der Alte Fritz war, als er auf Schloss Rheinsberg lebte - wenn du die

*Auf der westlichen Seite des Grienericksees steht ein spitzer OBEL**I**SK.*

3

G R I E N E R I C K ~

Auf Schloss Rheinsberg lebte Friedrich der Große, bevor er selbst König von Preußen wurde. Später bekam sein Bruder Heinrich das Schloss. (Friedrich hatte insgesamt dreizehn Geschwister, von denen vier aber schon als Baby gestorben sind!)

2

*Am Ufer des Sees befindet sich eine künstliche G**R**OTTE, deren Wände einst mit Muscheln verziert waren.*

LÖSUNG: Der Alte Fritz war da noch ein junger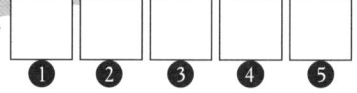

Buchstaben in der richtigen Reihenfolge einsammelst und in die Lösungsbox schreibst.

SEE

Im Ballsaal des Schlosses konnte man wunderbar TAN**Z**EN.

5

Ziel

Lustgarten

4

Unter dieser Pyramide liegt HEI**N**RICH, ein jüngerer Bruder vom Alten Fritz, begraben.

Start

1

Durch dieses **P**ORTAL kannst du den Lustgarten betreten und die Rätseltour starten.

Was musste der Offizier von Prittwitz machen, um ein Schloss zu bekommen?

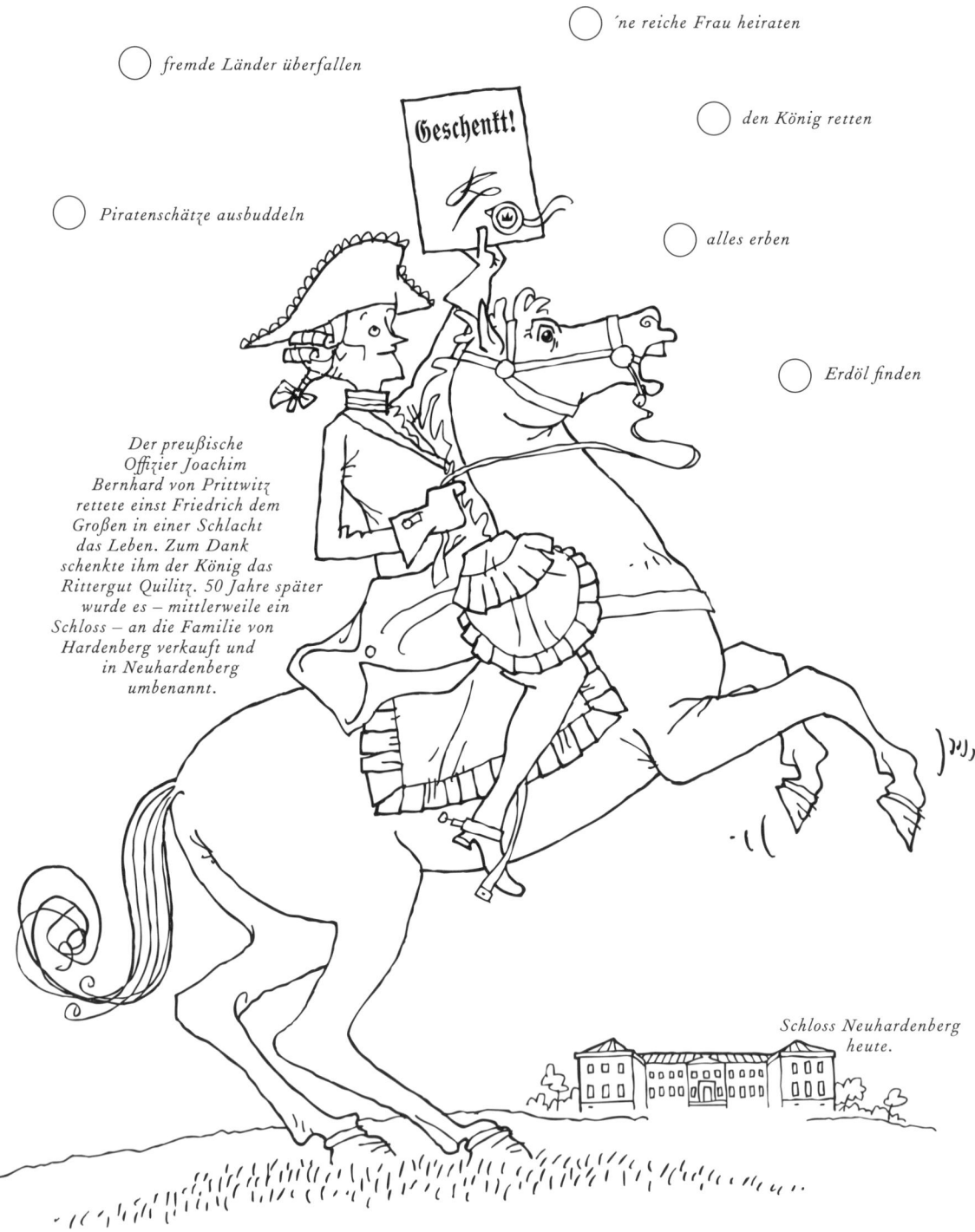

○ ´ne reiche Frau heiraten

○ fremde Länder überfallen

○ den König retten

○ Piratenschätze ausbuddeln

Geschenkt!

○ alles erben

○ Erdöl finden

Der preußische Offizier Joachim Bernhard von Prittwitz rettete einst Friedrich dem Großen in einer Schlacht das Leben. Zum Dank schenkte ihm der König das Rittergut Quilitz. 50 Jahre später wurde es – mittlerweile ein Schloss – an die Familie von Hardenberg verkauft und in Neuhardenberg umbenannt.

Schloss Neuhardenberg heute.

„Untertanen, esst mehr Kartoffeln!" sagte der Alte Fritz. Guten Appetit: Kreuze dein Lieblingsgericht an, bitte.

○ *Bratkartoffeln*

○ *Pommes Frites*

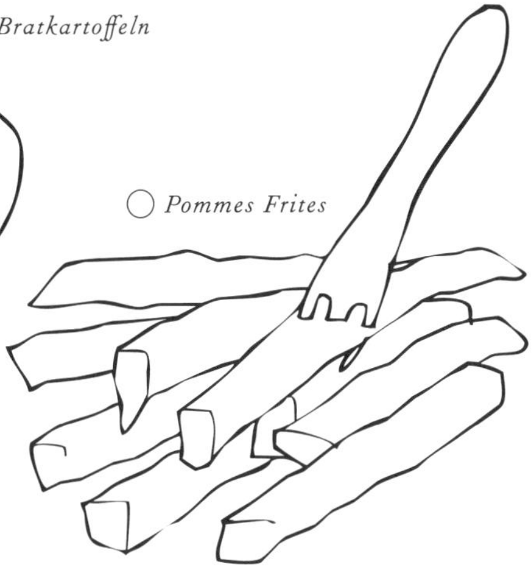

○ *Kartoffelkloß*

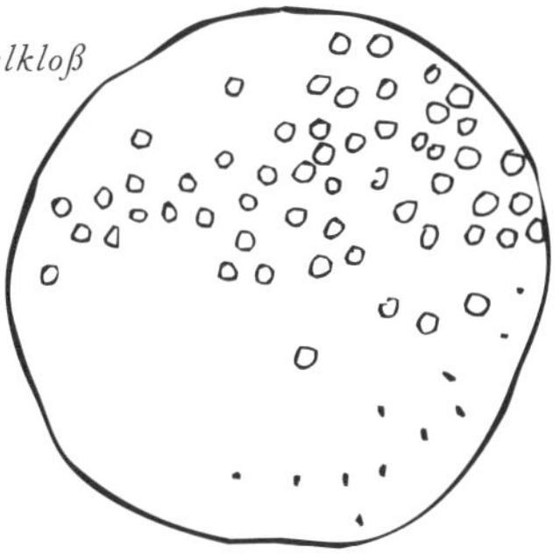

○ *Kartoffelbrei*

○ *Petersilienkartoffeln*

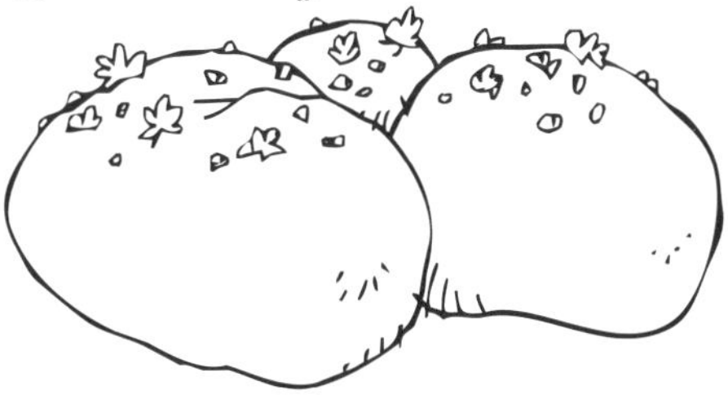

Was, dein Lieblingsgericht ist nicht dabei? Dann schreib´ es dazu!

Im Jahr 1746 befahl Friedrich der Große, dass seine Bauern im ganzen Land Kartoffeln pflanzen sollten. Davon konnten nämlich viel mehr Leute satt werden als von Getreide. Allerdings waren die Untertanen zuerst wenig begeistert: Ihnen schmeckte die unscheinbare Knolle einfach nicht!

Untertanen, esst mehr Kartoffeln!

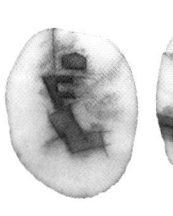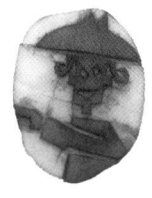

Kartoffeln kannst du nicht nur essen, sondern auch damit drucken. Hier siehst du die beiden Kartoffel-Druckformen und links daneben das Ergebnis. Cool, was?

Im großen Musikzimmer von Sanssouci gab Friedrich der Große gerne mal ein

Der Alte Fritz war sehr musikalisch. Sein Lieblings- instrument war die Querflöte, für die er selbst über 120 Musikstücke komponiert hat. Und weil er so musikbegeis- tert war, verfasste er auch Texte für Opern und gründete 1742 die Königliche Hofoper in Berlin (heute: Staatsoper Unter den Linden).

kleines Konzert. Dann spielte er selber

(und auch sehr gut) Flöte. Und was machten die Zuhörer?

Bitte zeichne den ganzen Raum voller Menschen!

Der Alte Fritz sprach Französisch, obwohl er König von Preußen war. Kannst du verstehen, was er sagt? Dann verbinde bitte die französischen Worte mit den deutschen Übersetzungen.

die Königin

Bonjour!

nein

non

Preußen

der Hund

la France

le chateau

die Nase

Guten Tag!

oui

die Krone

le chien

ja

le cheval

le nez

das Schloss

le roi

la Prusse

der König

la reine

das Pferd

la couronne

Frankreich

Wie viele andere Fürsten seiner Zeit bevorzugte Friedrich der Große die französische Sprache, wenn er sich mit den Menschen in seiner Umgebung unterhalten wollte. Sein Deutsch dagegen war sehr schlecht und klang eher komisch.

Wenn´s sich oben dreht, kommt unten Mehl raus.

Verbinde schnell die Punkte und das Rätsel ist gelöst.

In Potsdam gab es früher über 40 Windmühlen. Wie überall in Deutschland wurde dort aus Getreide Mehl gemahlen – mit Windkraft, denn Strom gab es noch nicht. Heute sieht man nur noch wenige solcher Mühlen. Die im Park Sanssouci funktioniert sogar wieder. Wenn der Wind weht, gibt es frisches Mehl ...

Weil der Alte Fritz seine Hunde ganz besonders gern hatte, kümmerte er sich auch

Biche Alcmène Superbe

Friedrich der Große war ein richtiger Hundenarr. Seine Lieblingsrasse waren die Windspiele. Zeitweise hielt er an seinem Hof über 50 davon. Er fütterte sie selbst und ließ einige von ihnen sogar in seinem Bett schlafen. Die Diener mussten die Hunde siezen und Französisch mit ihnen sprechen!

selbst um sie. Hier will er sie gerade füttern, aber welcher Hund frisst aus welchem Napf?

Übertrage den kleinen Berliner Dom aus den kleinen Quadraten ①

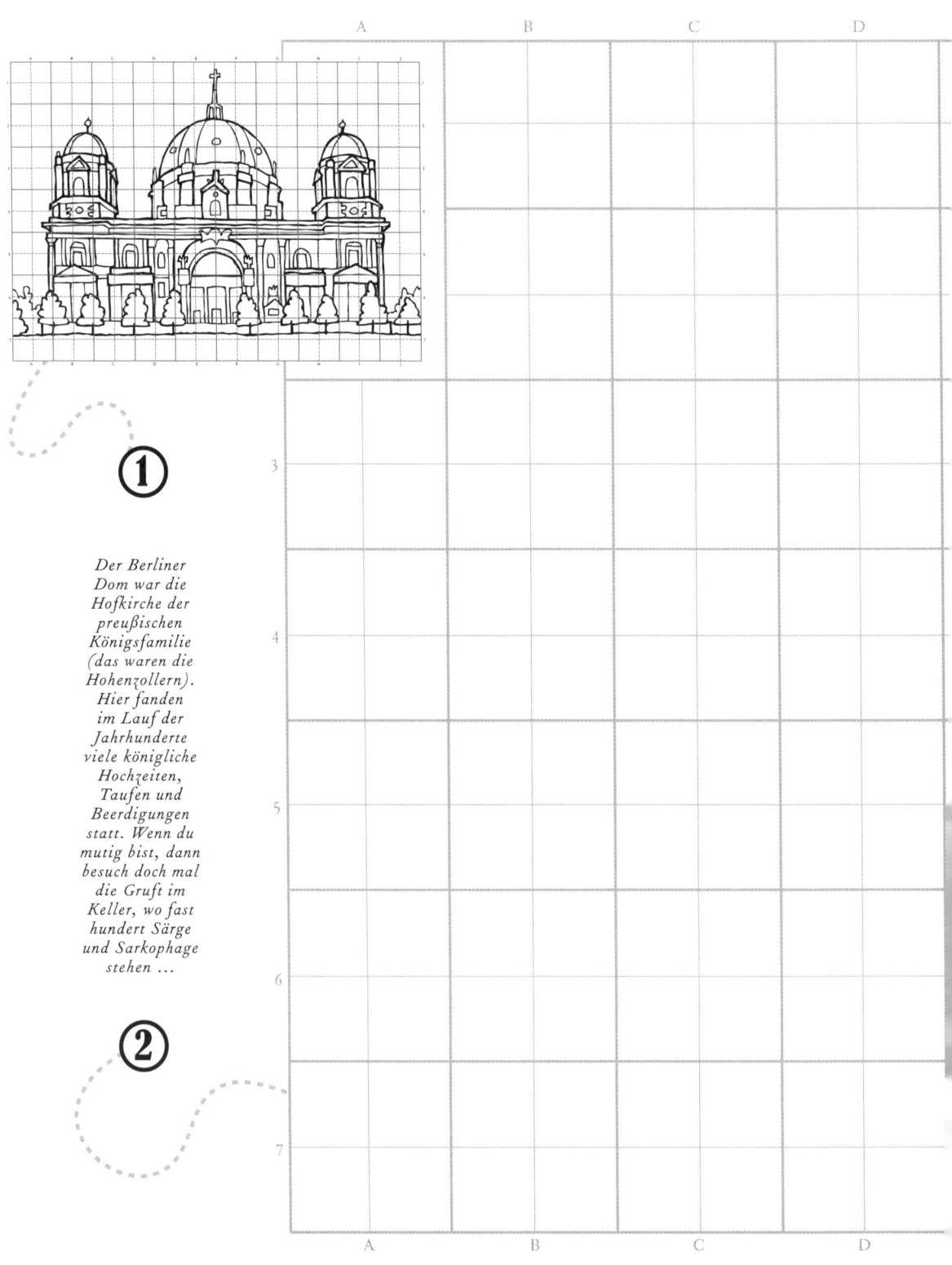

①

Der Berliner Dom war die Hofkirche der preußischen Königsfamilie (das waren die Hohenzollern). Hier fanden im Lauf der Jahrhunderte viele königliche Hochzeiten, Taufen und Beerdigungen statt. Wenn du mutig bist, dann besuch doch mal die Gruft im Keller, wo fast hundert Särge und Sarkophage stehen …

②

auf die großen Quadrate ② - und schon wird ein großer Berliner Dom daraus.

Wenn dich der König damals gebeten hätte, den Schlosspark von Babelsberg zu

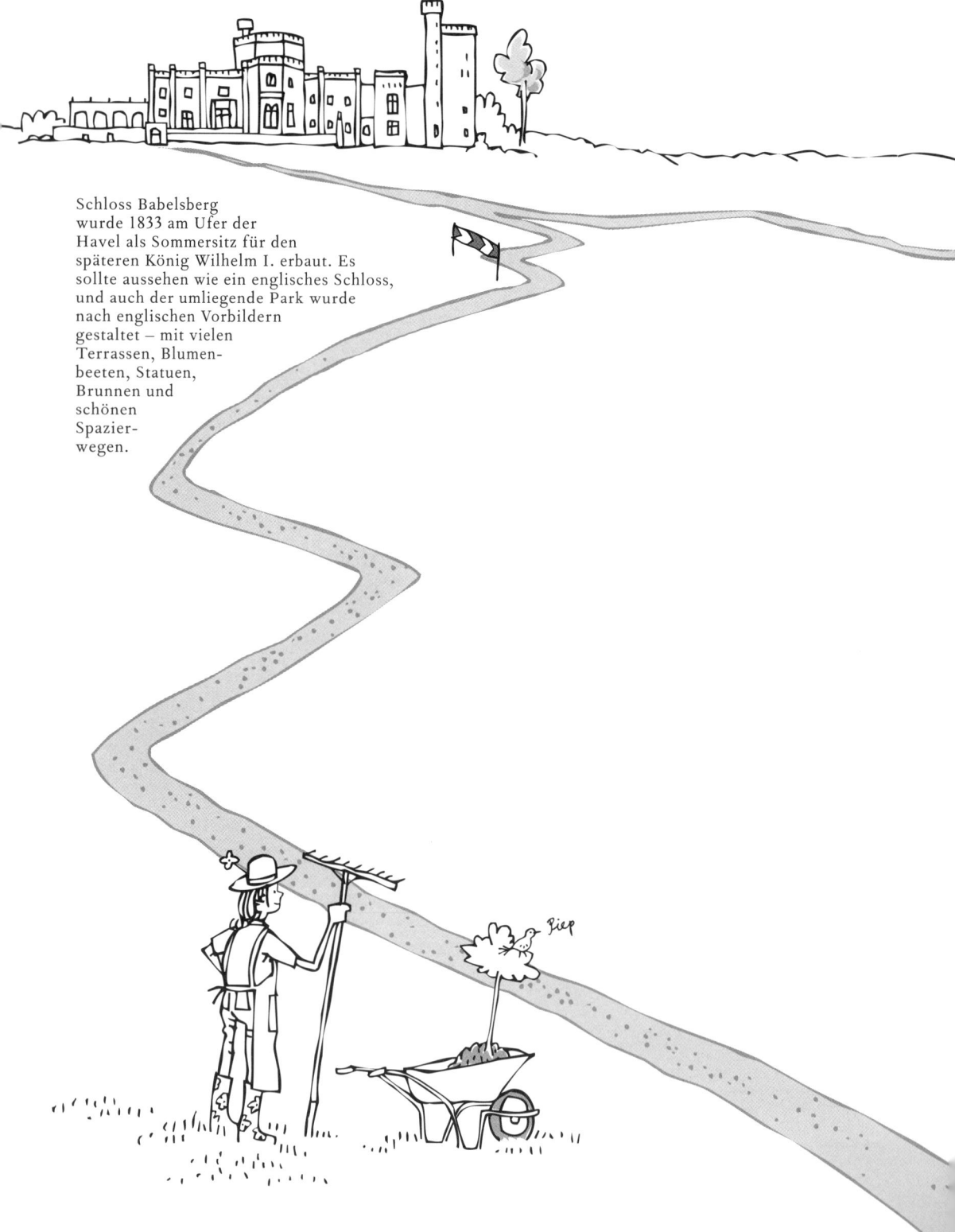

Schloss Babelsberg wurde 1833 am Ufer der Havel als Sommersitz für den späteren König Wilhelm I. erbaut. Es sollte aussehen wie ein englisches Schloss, und auch der umliegende Park wurde nach englischen Vorbildern gestaltet – mit vielen Terrassen, Blumen-beeten, Statuen, Brunnen und schönen Spazier-wegen.

bepflanzen, wie hättest du´s gemacht?
Einen Weg gab´s schon. Aber Blumenbeete und Bäume und
Hecken zum Verstecken noch nicht.

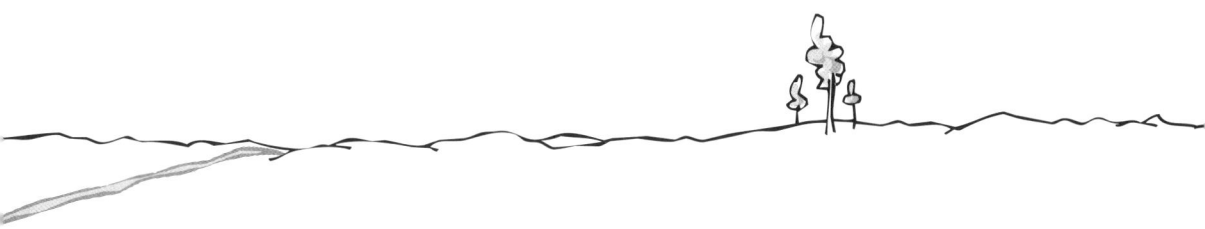

Das ist der wichtigste preußische Orden, der „Schwarze Adler".

Den Orden trug auch Friedrich der Große. Was heißt eigentlich „Suum cuique"?

SUUM CUIQUE

Wenn du einen Orden verleihen würdest, wie sähe der dann aus?

*Wie alle Könige
verliehen auch die
preußischen Herrscher
Orden an besonders treue
oder tapfere Soldaten.
Der allerhöchste Orden in
Preußen hieß mit vollem
Namen „Der hohe Orden
vom Schwarzen Adler".
Das war nicht nur ein
buntes Stück Metall zum
An-die-Brust-Heften,
sondern
der Träger
wurde dadurch
in den Adelsstand
erhoben – falls
er nicht schon
adelig war.*

Seit dem Mittelalter wurde in Berlin das Hauptschloss der Hohenzollern immer

wieder vergrößert und umgebaut.
Wie hat es wohl am Ende ausgesehen?

So?

Oder so?

Oder etwa so?

**Oder wie hättest
du´s gebaut?**

*Hilf dem Maurer beim
Schlossbau, bitte.*

*Die preußischen Könige
besaßen sehr viele
Schlösser. Das größte
davon stand natürlich
in der Hauptstadt
Berlin, aber viele
Hohenzollern hielten
sich lieber in einem der
Schlösser in Potsdam
auf. Da war es einfach
viel gemütlicher.*

(Fotoapparate gab´s damals noch nicht)

Auf seinen Reisen zeichnete der Forscher Alexander von Humboldt „wilde Tiere“

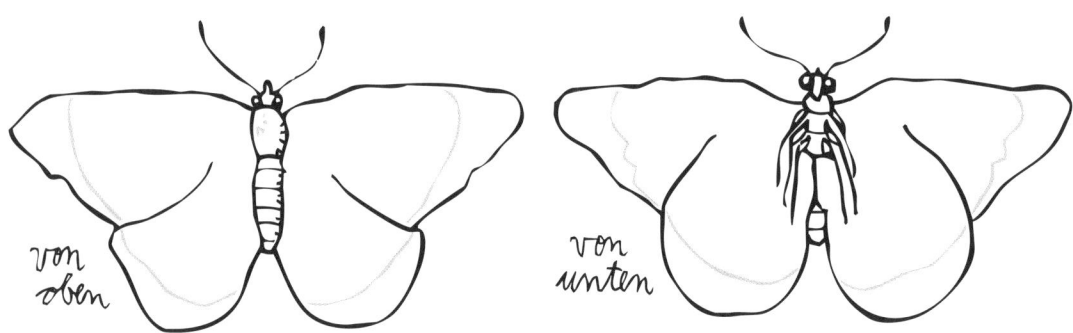

von oben

von unten

Alexander von Humboldt lebte von 1769 bis 1859. Er war einer der berühmtesten Naturforscher seiner Zeit und unternahm viele Reisen – vor allem nach Süd- und Mittelamerika. Unter anderem befuhr er den Orinoco (den viertlängsten Fluss der Welt) und bestieg den Chimborazo (einen der höchsten Berge Südamerikas). Seine Reiseberichte wurden auf der ganzen Welt mit Spannung gelesen.

Das ist Herr von Humboldt bei der Arbeit.

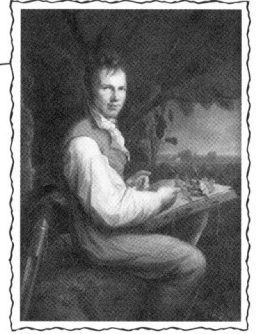

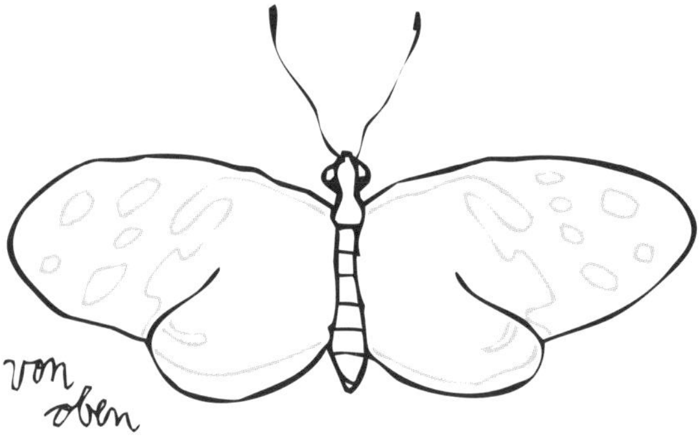

von oben

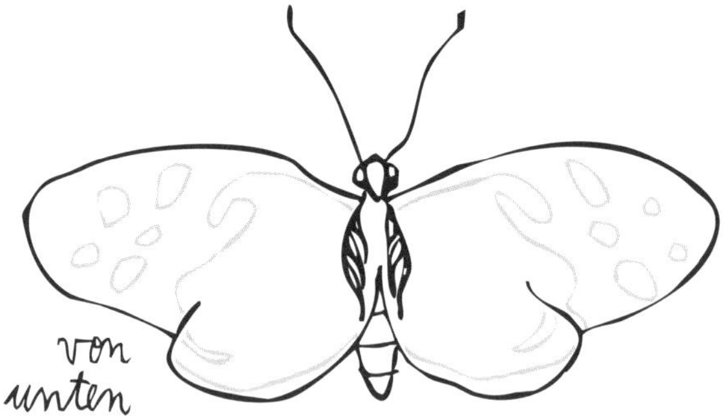

von unten

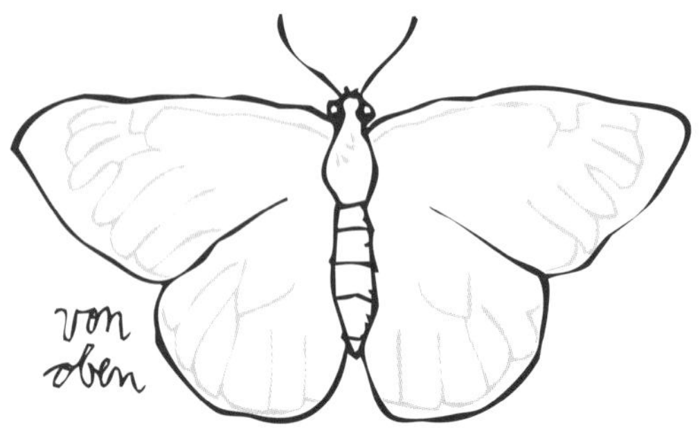

von oben

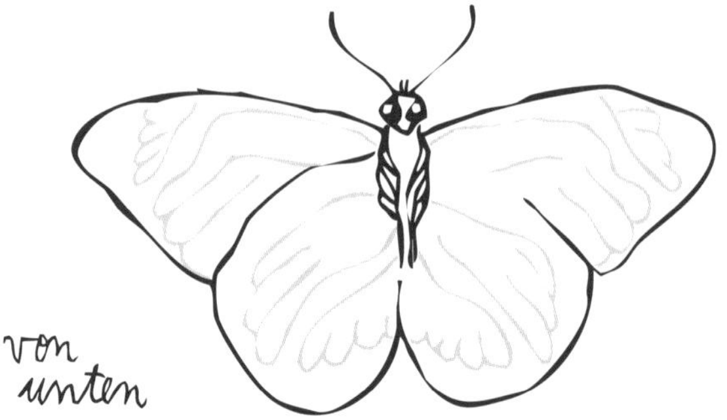

von unten

in sein Bestimmungsbuch. Er hat ´ne Seite bei den Schmetterlingen für dich frei gehalten:

Wie sieht das Kleid von Königin Luise aus?
Wolltest du nicht immer schon mal Modeberater sein?

Schon als Prinz und Prinzessin waren Luise und Friedrich Wilhelm ganz verliebt ineinander. Das lag bestimmt nicht nur an Luises schönen Kleidern.

Friedrich Wilhelm III. und Luise waren ein Königspaar, das sich liebte. Was bei Königs eher selten war.

Was haben sie sich wohl in ihren Liebesbriefen geschrieben?

Geliebte Luise,

Lieber Prinz,

Friedrich Wilhelm

Unwandelbar, Luise

Das Lieblingsschloss von Königin Luise war Schloss Paretz. Bestimmt auch, weil es so

schöne Papiertapeten an den Wänden hat.
Bitte zeichne die Muster zu Ende und mache dann das Zimmer bunt.

Schloss Paretz war die Sommerresidenz von Königin Luise und König Friedrich Wilhelm III. Hierhin flohen sie gerne vor den strengen Regeln des Hoflebens in Berlin und Potsdam. Auch in den Mustern der Paretzer Tapeten zeigt sich, dass das Königspaar vor allem die Natur liebte.

So sah Paretz früher aus.

Weil das Schloss Friedrichsfelde mitten im Tierpark liegt, könnten ja ein paar Tiere

einfach mal zum Tee vorbei kommen.
Zeichne die, die du gerne einladen würdest.

Als Schloss Friedrichsfelde 1685 erbaut wurde, da gab es ringsum noch nicht den Berliner Tierpark mit seinen Elefanten, Löwen und Nashörnern. Trotzdem war hier schon immer einiges los. So kamen zum Beispiel der französische Kaiser Napoleon, der russische Zar Alexander I. und der sächsische König August der Starke zu Besuch.

Darf ICH auch?

1871 wurde der preußische König Wilhelm I. zum deutschen Kaiser gekrönt. Doch so leer

Das ist Wilhelm I., ein Sohn von Königin Luise.

Und das ist sein Sohn, Kronprinz Friedrich.

war der Raum bestimmt nicht. Wer war noch da? Dein Opa? Aliens? Der Leibkoch?

Als sich die deutschen Länder 1871 zu einem einzigen, großen Reich zusammenschlossen, wählten sie den König von Preußen zu ihrem Kaiser. Weil alle zusammen vorher einen Krieg gegen Frankreich geführt (und gewonnen) hatten, fand die Krönung im französischen Königsschloss von Versailles statt. Die Franzosen fanden das damals gar nicht toll.

Kronprinzessin Cecilie hatte bei ihrer Hochzeit eine tolle Hochzeitskutsche.

Schmücke sie (die Kutsche) so, dass sie (Cecilie) damit zur Kirche fahren mag.

Prinzessin Cecilie heiratete im Jahr 1905 Prinz Wilhelm, den ältesten Sohn des letzten deutschen Kaisers. Weil 1918 die Monarchie abgeschafft wurde, haben aber Cecilie und Wilhelm niemals den Thron bestiegen. Die Zeit der preußischen Könige und Königinnen war endgültig vorbei.

Wenn du das Buch durch hast, dann ist diese Aufgabe ganz leicht: Verbinde bitte die

mit 'ner Linie

① Königin Luise

② Der Gärtner von Schloss Ribbeck

③ Friedrich Wilhelm I.

⑥ Der Alte Fritz

④ Kronprinzessin Cecilie

⑤ Alexander von Humboldt

Personen links mit den Gegenständen rechts zu den richtigen Paaren. Einfach, oder?

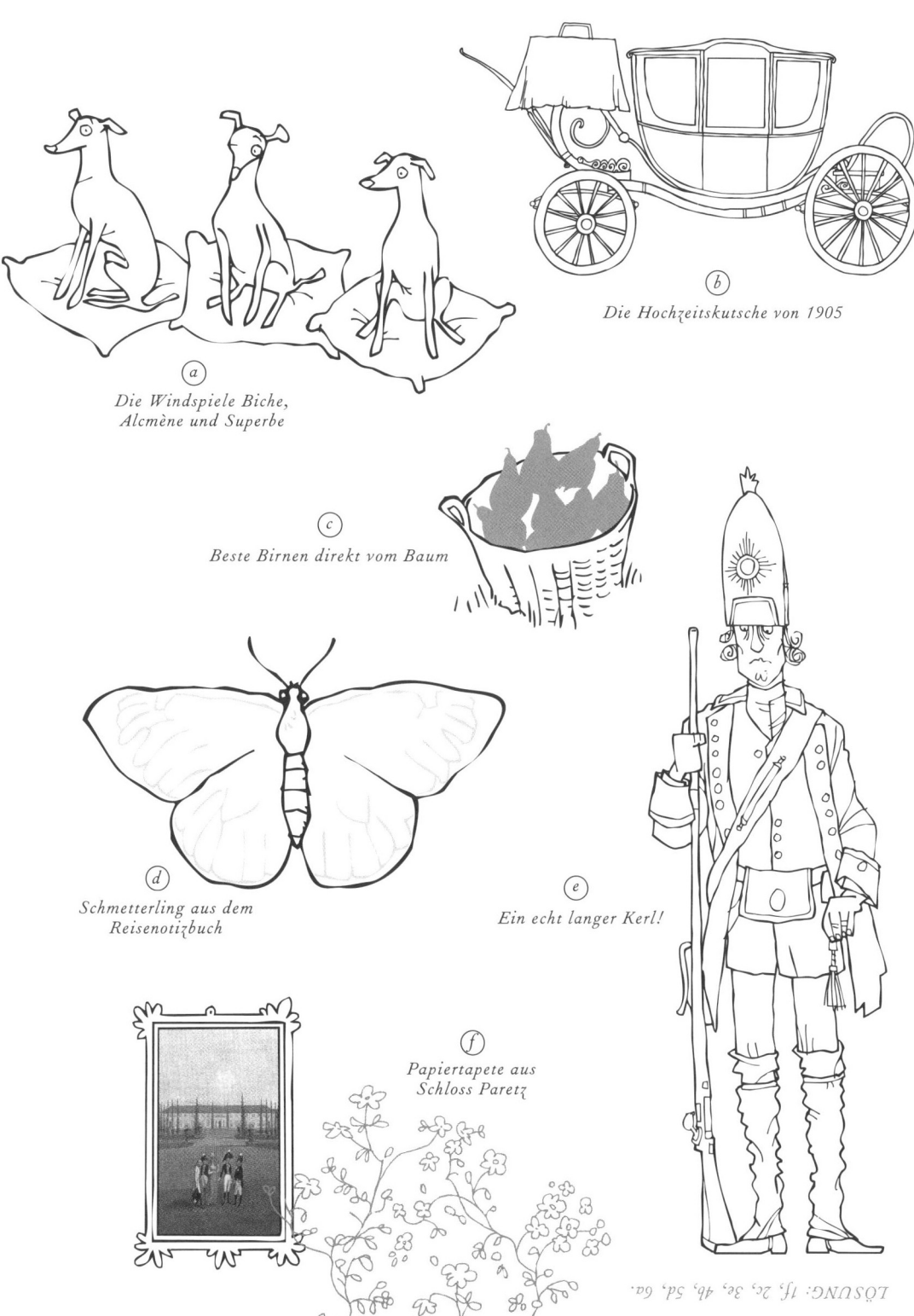

a
Die Windspiele Biche, Alcmène und Superbe

b
Die Hochzeitskutsche von 1905

c
Beste Birnen direkt vom Baum

d
Schmetterling aus dem Reisenotizbuch

e
Ein echt langer Kerl!

f
Papiertapete aus Schloss Paretz

LÖSUNG: 1f, 2c, 3e, 4b, 5d, 6a.

Bildnachweis
Porzellankabinett (S. 10): bpk / Stiftung Preußische Schlösser und Gärten Berlin-Brandenburg / Wolfgang Pfauder;
Lange Kerls (S. 12) und Kartoffeldruck (S. 35): Claas Janssen; Alle übrigen Fotos: Archiv des Verlages.

Die Vorlagen zur Sütterlin-/Geheim-Schrift (S. 28–31) stammen von Anna Bach, Oldenburg.

Bibliografische Informationen der Deutschen Nationalbibliothek
Die Deutsche Nationalbibliothek verzeichnet diese Publikation in der Deutschen Nationalbibliografie;
detaillierte bibliografische Daten sind im Internet über http://dnb.d-nb.de abrufbar.

Zu Fragen der Produktsicherheit wenden Sie sich bitte an herstellung@bebraverlag.de

2. Auflage
© 2025 BeBra Verlag GmbH
Asternplatz 3, 12203 Berlin
post@bebraverlag.de
Gesamtgestaltung: Claas Janssen, Frankfurt, www.janssen-illustration.de
Druck und Bindung: Finidr, Ceský Tesín
ISBN 978-3-86124-682-4

www.bebraverlag.de